AF369529

OBJETS D'ART

ET D'AMEUBLEMENT

TAPISSERIES ANCIENNES

Appartenant à Madame de L. B...

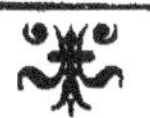

CATALOGUE

DES

Objets d'Art et d'Ameublement

GRAVURES

PORCELAINES, FAIENCES & OBJETS DIVERS

PENDULES, BRONZES

PIANO A QUEUE DE GAVEAU

Glaces

MEUBLES ANCIENS ET MODERNES

Sièges couverts en Tapisserie

TAPISSERIES

ÉTOFFES, BRODERIES, TAPIS D'ORIENT

Appartenant à Madame de L. B...

ET DONT LA VENTE AURA LIEU

HOTEL DROUOT, SALLE N° 10

LE LUNDI 2 FÉVRIER 1914

A deux heures

COMMISSAIRE-PRISEUR	EXPERTS
Mᵉ F. LAIR-DUBREUIL	MM. G. DUCHESNE & R. DUPLAN
6, rue Favart	10, rue Rossini

EXPOSITION PUBLIQUE

Le Dimanche 1ᵉʳ Février 1914, de 2 heures à six heures

CONDITIONS DE LA VENTE

———

Elle sera faite au comptant.

Les adjudicataires paieront *dix pour cent* en sus des enchères.

Paris. — Imp. de l'Art, Ch. BERGER, 41, rue de la Victoire.

DÉSIGNATION

GRAVURES

1 — Gravure anglaise en couleurs : La Plainte heureuse.

2 — Trois gravures en couleurs : Le Printemps, L'Été et L'Hiver.

3 — Gravure en noir : L'Automne.

4 — Gravure en noir : Un Rêve de bonheur.

PORCELAINES, FAIENCES
OBJETS DIVERS

5 — Bouteille et bassin en porcelaine de Chine, décor polychrome à fleurs et personnages dans le goût de la famille rose.

6 — Plat en ancienne faïence de Delft, décor polychrome.

7 — Quinze assiettes en porcelaine de Chine.

8 — Petit moutardier en faïence de Strasbourg.

9 — Trois corbeilles en porcelaine blanche de Paris.

10 — Plaque de revêtement en faïence persane.

11 — Bouquetière en faïence de Moustiers.

12 — Gobelet à pied, en argent et vermeil. Travail allemand moderne.

13 — Épée de cour. Second Empire.

14 — Petite boîte ronde en écaille blonde, ornée sur le couvercle d'un décor en camaïeu.

15 — Deux montres anciennes.

16 — Coffret en bois, à armature de fer. XVIIe siècle.

17 — Petit nécessaire à ouvrage, avec accessoires montés en or; écrin en bois clair à filets. Époque de la Restauration.

18 — Deux pièces sous verre : peintures à l'aquarelle, avec application d'étoffes représentant un officier des Grenadiers de France et un officier du 7ᵉ Régiment lyonnais. Époque du xviiiᵉ siècle.

19 — Deux coffrets en marqueterie de paille. xviiiᵉ siècle.

20 — Coffret, décor au vernis, fond vert à réserves, avec sujets pastoraux. Époque Louis XV.

21 — Boîte, décor au vernis.

22 — Petit coffre en cuir clouté. xviiᵉ siècle.

23 — Pendule d'applique et sa console en bois peint relevé de dorures ; sonnerie à répétition. Époque Louis XV.

24 — Grande pendule d'applique et sa console en bois peint au vernis, ornée de bronzes ; cadran signé de *Guden*.

25 — Lampadaire formé par une statuette en bois sculpté et redoré. xviiiᵉ siècle.

26 — Deux amours en bois peint et doré. xviiiᵉ siècle.

BRONZES D'ART
ET D'AMEUBLEMENT

27 — Deux statuettes en bronze : Les Joueurs-
de dés.

28 — Statuette en bronze : L'Amour écoutant
un cœur, par GIRAUD.

29 — Statuette en bronze : Hébé.

3o — Deux candélabres en bronze argenté, à
sept lumières. Style Louis XV.

3 r — Crémaillère en fer forgé, avec petite bas-
sine en cuivre.

3 2 — Un mortier et un seau à eau bénite en
bronze.

33 — Encensoir et boîte à encens en cuivre.
Époque Louis XV.

3 4 — Deux flambeaux en bronze argenté.

35 — Pendule en bronze doré et ciselé ; le mou-
vement apparent est surmonté d'un aigle aux
ailes éployées, et repose sur une arcade. Fin
du xviiie siècle.

MEUBLES ANCIENS
ET MODERNES
GLACES

36 — Piano en bois clair, quart de queue. De la
Maison Gaveau.

37 — Harpe, d'époque Louis XVI ; monture en
bois sculpté en partie dorée. Elle porte la
signature de *Cousineau et fils, à Paris.*

38 — Commode, de forme contournée, en marqueterie de bois rose et bois de violette, s'ouvrant à quatre tiroirs ; ornements en bronze ;
dessus de marbre. Époque Louis XV.

39 — Table flamande en marqueterie de bois de
noyer ; dessus en ardoise.

40 — Commode en noyer, de forme mouvementée, décorée de sculptures et s'ouvrant à
quatre tiroirs. Époque Louis XV.

41 — Bahut ancien, à quatre vantaux et deux
tiroirs, en noyer. Époque Louis XIII.

42 — Encoignure en marqueterie de bois de violette, de forme mouvementée, époque Louis XV; dessus de marbre rouge.

43 — Buffet-vaisselier en noyer sculpté. Auvergne, xviiie siècle.

44 — Deux petites tables anciennes en chêne.

45 — Support en bois sculpté avec parties dorées.

46 — Crédence en bois sculpté, s'ouvrant à deux vantaux dans le haut. xviie siècle.

47 — Petit coffre en bois sculpté, avec panneaux anciens.

48 — Guéridon-support en bois sculpté et doré, pieds consoles à guirlandes, style Louis XVI; dessus de marbre.

49 — Guéridon rond en bois clair, décoré de guirlandes de fleurs peintes au vernis. Style xviiie siècle anglais.

50 — Ancien guéridon en marqueterie. Travail italien.

51 — Secrétaire en acajou, avec ornements en cuivre. Époque Louis XVI.

52 — Guéridon en acajou, à dessus de marbre blanc, reposant sur quatre pieds. Époque Directoire.

53 — Petite commode en acajou, Empire; dessus de marbre gris veiné.

54-55 — Deux petites tables de nuit en noyer. xviiie siècle.

56 — Grand meuble, à deux corps, en acajou, décoré d'incrustations de filets d'étain, s'ouvrant à nombreux tiroirs.

57 — Meuble-cabinet en marqueterie d'ivoire gravé à personnages et paysages, xviie siècle, reposant sur support à décor semblable.

58 — Petite table-rognon en marqueterie de bois rose; pieds-lyre à tablette d'entrejambes. Style Louis XVI.

59 — Petit meuble-cabinet en marqueterie de bois. Travail japonais.

60 — Deux petites consoles d'applique en bois sculpté peint en blanc.

61 — Table de nuit en acajou, avec tiroirs sur une des faces. xviiie siècle.

62 — Armoire normande peinte en blanc, s'ouvrant à deux vantaux garnis de glaces.

63 — Secrétaire en acajou, orné de bronzes.
Époque de la Restauration.

64 — Buffet, avec tiroir dans le haut, en acajou.
Époque de la Restauration.

65 — Armoire, s'ouvrant à quatre vantaux,
deux tiroirs et une tablette. Midi, xviii^e
siècle.

66 — Petite chaise percée. Époque Louis XV.

67 — Petit berceau de poupée. Auvergne, xviii^e
siècle.

68 — Paravent à quatre feuilles garnies d'anciennes toiles peintes, offrant, en décor, des
paysages avec des constructions.

69 — Paravent à quatre feuilles garnies d'anciennes toiles peintes.

70 — Glace, cadre en bois sculpté Louis XIV,
redoré.

71 — Grande glace, cadre ajouré à fond de
glace, époque Régence, dorure moderne.

72 — Petite glace, cadre en bois sculpté, époque Louis XV, dorure moderne.

73 — Glace-trumeau.

74 — Petite glace-psyché ; monture en acajou. Commencement du xixe siècle.

75 — Autre petite glace-psyché ; monture en bois clair. Commencement du xixe siècle.

SIÈGES, MEUBLES
COUVERTS EN TAPISSERIE

76 — Bergère, époque Directoire, bois redoré, et couverte en étoffe de soie brochée à couronnes fond gris.

77 — Petit fauteuil laqué en blanc, dossier à lyre, foncé de paille. Époque Directoire.

78 — Deux fauteuils en acajou. Époque Empire.

79 — Fauteuil en bois tourné, couvert en cuir de Cordoue. xviie siècle.

80 — Deux fauteuils et un tabouret en bois sculpté Louis XV, repeints à rehauts d'or, couverts en velours moderne, genre de Gênes.

81 — Meuble de salon, composé d'un canapé, quatre fauteuils, deux bergères et deux tabourets, couverts en tapisserie au point, décor à bouquets de fleurs sur fond blanc.

82 — Banquette en bois doré, couverte en ancienne tapisserie à fleurs.

83 — Deux fauteuils en bois sculpté, à pieds réunis par un croisillon et recouverts en ancienne tapisserie à fleurs.

84 — Banquette en bois tourné, couverte en ancienne tapisserie à personnages.

85 — Autre banquette en bois tourné, couverte en ancienne tapisserie, offrant un médaillon avec groupe de personnages : Femme et enfants.

86 — Paravent à quatre feuilles garnies de bordures en ancienne tapisserie des Flandres, décor à fleurs et fruits avec personnages et réserves offrant des scènes diverses dans des paysages.

Haut., 1 m. 70 cent.

TAPISSERIES
BRODERIES, ÉTOFFES
TAPIS

87 — Grand panneau en ancienne tapisserie de
Bruxelles : Sujet à plusieurs personnages
représentant l'Amour et Psyché. Fond de
paysage.

> Haut., 2 m. 90 cent.; larg., 3 m. 15 cent.

88 — Panneau en ancienne tapisserie-verdure
animée de personnages. Le décor offre un
paysage avec cours d'eau. Au premier plan,
on aperçoit saint Hubert agenouillé devant
le cerf qui apparaît au milieu de rochers ;
à droite et à gauche, des bouquets d'arbres.

> Haut., 2 m. 75 cent.; larg., 3 m. 05 cent.

89 — Panneau en ancienne tapisserie des Flandres : Verdure avec personnages. A droite,
Biblis de Milet changée en fontaine ; à droite,
des nymphes. Fond de paysage avec constructions. Bordure sur trois côtés, offrant
des figures d'amours, des faisceaux, des rin-

ceaux et des coquilles, et ornée, dans le haut,
d'un trophée accoté de groupe d'amours.

Haut., 2 m. 85 cent.; larg., 3 m. 15 cent.

90 — Petit panneau en ancienne tapisserie des
Flandres, offrant en décor un médaillon avec
buste de guerrier romain dans un encadrement.

91 — Petit panneau en ancienne tapisserie, avec
inscriptions.

92 — Fragment de bordure en ancienne tapisserie des Flandres : motifs à guirlandes de
fruits. Disposé en encadrement avec, à la
partie supérieure, une réserve de forme rec-
tangulaire offrant un petit paysage.

Haut., 1 m. 75 cent.; larg., 1 m. 35 cent.

93 — Tapis de table en tapisserie au point; décor à personnages chinois. xviiie siècle.

94 — Panneau en ancienne soierie fond mauve
brochée à fleurs.

95 — Chasuble et manipule en drap d'or, avec
broderies.

96 — Trois tableaux brodés. Travail ancien.

97 — Deux fragments de robe chinoise en satin brodé.

98 — Tapis de table en filet.

99 — Tapis de table en toile incrustée de dentelles diverses.

100 — Tapis de table en broderie orientale.

101 — Châle en cachemire brodé à fleurs sur fond blanc.

102 — Châle en crêpe de Chine brodé, blanc sur blanc.

103 — Petit tapis de table en toile brodée. Travail persan.

104 — Deux écharpes en tulle brodé et en filet.

105 — Mitre d'évêque en satin brodé.

106 — Panneau en satin blanc appliqué de paillettes d'or.

107 — Trois galeries, un bissac et neuf carpettes en moquette orientale, anciens et modernes.

108 — Objets non catalogués.

www.ingramcontent.com/pod-product-compliance
Lightning Source LLC
LaVergne TN
LVHW011023180726
843502LV00007B/2705